Le Décodeur

GUIDE DU MONDE DE L'INFORMATIQUE

Karim Naamani

Éditeur : BoD - Books on Demand,
12/14 rond-point des Champs Élysés, 75008 Paris
Impression : BoD - Books on Demand, Norderstedt, Allemagne

ISBN : 978-2-3220-3998-2

Dépôt légal : Septembre 2015

Sommaire

Introduction

Ce livre a été créé en partant d'un cas concret d'un étudiant que j'ai encadré dans le cas d'un contrat de professionnalisation. Au fil des mois, je me suis aperçu d'un décalage profond entre ses études théoriques et le véritable monde de l'entreprise. Et qui plus est, dans l'informatique, nous avons nos propres spécificités : sous-traitance, organisation projet, savoir être et savoir-faire...

J'ai donc décidé de me lancer dans la rédaction d'un livre d'un genre nouveau. Non, vous ne trouverez pas ici un énième bouquin d'apprentissage de la gestion de projet, de méthodes certifiantes, ou d'algorithmes de dernière génération.

Ici, on va parler de choses très concrètes du quotidien (gérer ses priorités, fonctionnement de l'entreprise...), de l'incontournable sujet de la sous-traitance informatique, pour la première fois sans aucun tabou, en dévoilant les coulisses et méthodes des Entreprises de Services du Numérique (ESN), des tarifs pratiqués, des véritables relations entre clients et sous-traitants.

On parlera aussi des métiers de l'informatique, des carrières, de la différence des rôles entre une organisation projet et une relation hiérarchique. A la poubelle l'idée que l'évolution de carrière d'un développeur est lead technique, puis chef de projet, puis manager. A la poubelle l'idée que la seule progression de salaire d'un développeur est de changer de poste. Pourquoi un développeur expérimenté ne serait pas autant, voire plus payé qu'un manager ?

Une mauvaise habitude que l'on prend quand on commence à travailler : la non organisation de ses congés. Même avec des années d'expériences, bon nombre de salariés sont noyés sous les tâches à réaliser avant le départ, et surtout au retour de congés avec les traditionnels *mails* reçus au kilo. Vous trouverez dans ce livre une méthode qui vous simplifiera grandement la vie...

On parlera aussi du cœur de l'entreprise et de ses points clés : création d'une équipe, identification des comportements, la relation entre qualité - coût - délai, l'image de la marque, la gestion de crises, gestion des ressources humaines, délégués du personnel, CHSCT, NAO, participation, intéressement... Qui sait vraiment à quoi cela sert ?

Comment organiser et animer efficacement une réunion ? Comment prendre des notes et faire un compte rendu de réunion percutant ? Quels sont les bons outils pour le faire ? Vous trouverez ici des réponses concrètes à vos questions, sur les méthodes et outils.

Enfin, une section dédiée présentera comment faire un Curriculum vitæ efficace et comment gérer son identité numérique, qui vont souvent de pair pour les recruteurs des temps modernes.

J'ai donc voulu que se livre s'adresse au plus grand nombre, et pas seulement aux étudiants qui souhaitent savoir à quoi s'attendre avant de mettre les pieds dans l'entreprise, pas seulement aux apprentis et stagiaires lâchés dans la nature, mais aussi aux salariés avec des années d'expériences et à qui on n'a jamais expliqué les coulisses du métier.

Ce livre va directement à l'essentiel, avec toutes les pistes nécessaires que vous pourrez explorer plus en détails sur le net ou dans d'autres littératures. Agrémenté de nombreuses notes, schémas, il se veut clair et facile à lire.

Bonne lecture !

Chargement en cours...

Gérer les priorités

Matrice d'Eisenhower

Gérer son temps (personnel et professionnel) revient d'abord à gérer ses priorités. En gestion de projet, on utilisera la même méthode pour dresser une liste de tâches et un chemin critique.

Conçue par Dwight David Eisenhower, 34ème président des États-Unis d'Amérique, la matrice est à double entrée. Elle permet de créer une liste de priorités.

L'urgence des tâches à l'horizontal, l'importance des tâches à la verticale.

Différence entre urgence et importance :
 • urgence : caractère de ce qui est urgent, de ce qui ne souffre aucun retard.
 • importance : degré de force, d'intensité, de valeur, d'intérêt, etc., de quelque chose ou de quelqu'un.

« Ce qui est important est rarement urgent et ce qui est urgent rarement important »

Dwight D. Eisenhower, 34ème président des États-Unis d'Amérique

Matrice de Eisenhower

	Urgent	Pas urgent
Important	Tâches à exécuter immédiatement et soi-même (P1)	Tâches en attente ou à déléguer (P2)
Pas important	Tâches à déléguer rapidement ou faire soi-même ou abandonner (P3)	Tâches à abandonner

Exemples de la vie de tous les jours :

• P1: *intervention des pompiers sur un incendie d'immeuble.* **Important** car des vies sont en jeu, **urgent** car il faut agir le plus rapidement possible.

• P2 : *préparer son examen de fin d'étude.* **Important** car c'est un objectif majeur, mais **pas urgent** car il se prépare généralement sur une année, ou plusieurs mois à l'avance.

• P3 : *répondre au coup de fil d'un ami qui prend souvent des nouvelles.* **Urgent** car il faut décrocher rapidement, mais **pas important**.

• P4 : *remplir un formulaire d'enquête de satisfaction suite à un achat qui s'est bien passé.* **Pas urgent** et **pas important**.

On construira ainsi une liste de priorités :

- P1
- P2
- P3

Les tâches de type P1 nécessitent une réponse rapide et efficace. Vous devez arrêter vos autres tâches. Cela ne veut pas dire que vous devez vous lancer sans phase de réflexion dans leurs réalisations.

Les tâches de type P2, si on ne les traite pas grâce à une planification efficace, évolueront vers le type P1. Evitez donc ce scénario !

Les tâches de type P3, ne sont souvent que urgentes mais sans réelles importances. Demander à votre responsable le sens d'une tâche, c'est-à-dire son importance. Bien souvent, laissez passer 24 heures avant de commencer une tâche P3. Elle sera annulée d'elle-même (une autre urgence est arrivée entre temps, la demande est tout simplement annulée, etc.)

Les tâches P4 ne présentent aucun intérêt. Ne vous embarrassez pas avec elles, ni même dans un recoin de votre cerveau...

A noter

Ne mettez jamais des tâches différentes avec le même niveau de priorité (plusieurs P0 par exemple, puis plusieurs P1, etc.).
C'est le meilleur moyen de ne jamais prioriser ses tâches !

MyEffectiveness

https://play.google.com/store/apps/details?id=com.andtek.sevenhabits

TaskCoach

http://taskcoach.org/

https://play.google.com/store/apps/details?id=com.hgTaskCoach

https://itunes.apple.com/fr/app/task-coach/id311403563?mt=8

Les entreprises de services

Rôles d'une ESN (ou SSII)

Une **entreprise de services du numérique** (anciennement SSII, pour **société de services en ingénierie informatique**) est une société de services spécialisée en génie informatique et/ou électronique.

Le Syntec Numérique est le premier syndicat professionnel du secteur.

Généralement, une ESN propose la réalisation de logiciels, sites web, la mise en place d'infrastructures informatique, la conception de circuits électroniques.

C'est souvent des solutions clés en main qui sont livrées à leurs clients.

Cependant, c'est souvent un moyen détourné de fournir une main d'œuvre spécialisée à des sociétés clientes, comme le ferait une société d'intérim.

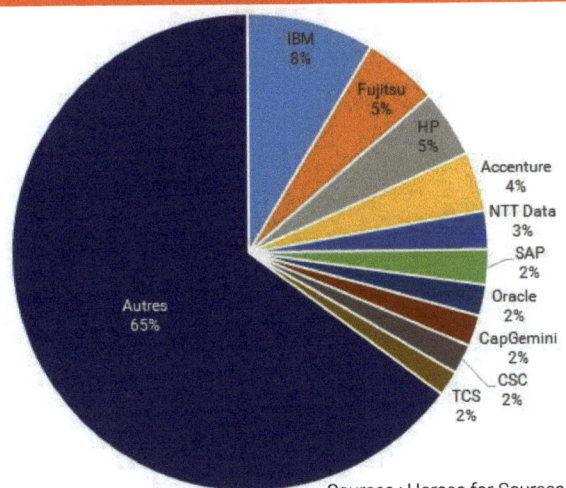

ESN mondiales classées par part de marché

- IBM 8%
- Fujitsu 5%
- HP 5%
- Accenture 4%
- NTT Data 3%
- SAP 2%
- Oracle 2%
- CapGemini 2%
- CSC 2%
- TCS 2%
- Autres 65%

Sources : Horses for Sources - Avril 2014

Top des ESN Françaises

Rang	Société (M€)	CA (2013)	Effectifs (2013)
1	Capgemini Holding	10 092	131 430
2	Atos	8 615	76 320
3	Groupe Steria	1 754	20 293
4	Altran Technologies	1 632	NC
5	Groupe Alten	1 216	16 000
6	Sopra Group	1 011	16 290
7	Akka Technologies	878	NC
8	Assystem	871	11 000
9	GFI Informatique	659	10 036
10	Econocom	602	8 195
11	Devoteam	453	3 900
12	Neurones	343	4 065
13	Ausy	324	3 750
14	Bull	311	9 236
15	SII	293	4 600
16	Euriware	271	2 143
17	Open	251	3 150
18	Tessi Document SCES	239	NC
19	Aubay	211	3 337
20	Business & Decision	200	2 500

Fonctionnement d'une ESN

Dans la grande majorité des cas, le salarié bénéficie d'un contrat à durée indéterminée (CDI).

Il aura les avantages et rétributions d'une entreprise « classique » : salaire mensuel, cotisations sociales, retraites, mutuelles, comité d'entreprise, et pour certaines ESN : intéressement et participations, plans d'actions...

Le but d'une ESN est de revendre le travail d'un salarié, sur une base journalière que l'on appelle **TJM (taux journalier moyen)**. L'ESN va donc diviser ce TJM pour payer le salarié, financer ses frais de fonctionnement (bâtiments, assistantes, commerciaux, bureautique...), et réaliser son bénéfice.

Les ESN sérieuses et prévoyantes prélèvent aussi une quote-part pour alimenter un fond qui permet de payer les intercontrats.

Répartition TJM (€)
👤 Rémunération du salarié
🏢 Charges de l'entreprise
📈 Bénéfices de l'ESN
🏛 Fond de secours (intercontrat)

— **Intercontrats** : c'est la période de latence d'un salarié de l'ESN entre deux prestations techniques chez/pour un client. Pendant cette période, c'est l'ESN qui assume totalement le coût du salarié. Il s'agit donc d'une situation non rentable pour l'ESN, qui limite au maximum sa durée, puisque les compétences du salarié ne sont pas facturées. A noter qu'il s'agit d'une situation qui n'a pas de notion juridique, puisque le salarié de l'ESN est en CDI, donc rémunéré sans interruption ou modification de contrat.

Cela peut être une phase délicate pour le salarié car suivant les ESN, les impacts peuvent lui être bénéfiques ou désastreux.

Le schéma CARTOGRAPHIE DES SITUATIONS VÉCUES PAR UN SALARIÉ DANS UNE ESN ⤵ illustre quelques situations classiques que l'on retrouve dans les ESN.

— **Régie (ou « Assistance Technique (AT) »)** : le salarié est envoyé dans les locaux du client. Tous les jours passés chez le client sont facturés, avec un TJM associé. Ce TJM varie en fonction de l'expérience du salarié de l'ESN, de son niveau d'expertise, de l'accord passé avec le client.

Bien souvent, un jeune diplômé, de par son niveau d'expertise et d'expérience plus faible, a un TJM associé plus bas. En régie, les clients privilégient souvent les débutants pour des raisons de coût du travail plus bas.

Les sociétés de taille importante qui font appels régulièrement à des ESN ont souvent des accords : un volume de prestataires (massification des prestations) donnera lieu à des remises sur les TJM. C'est ces marchandages récurrents et parfois poussés à l'extrême qui participent à la mauvaise réputation des ESN.

La régie est souvent un moyen détourné de fournir une main-d'œuvre à des clients comme le ferait une société d'intérim. Ceci n'est pas sans poser de nombreux problèmes d'ordre juridique et émotionnels pour le salarié de l'ESN :

• Il s'assimile sur le long terme à un salarié de la société cliente puisqu'il passe la plupart de son temps dans ses locaux.

• Il est censé faire uniquement de l'assistance technique, d'une durée bornée, ce qui est rarement le cas.

• Il prend souvent des fonctions de pilotage (chef de projet, direction de projet...) et d'encadrement.

• Il peut entamer une procédure juridique pour se faire embaucher chez le client à partir du moment qu'il prouve que son poste va au-delà de l'assistance technique (encadrement), et que la durée de sa mission correspond à un poste à temps plein chez le client (CDI). De nombreuses sociétés ont déjà été condamnées au tribunal pour ces intérims déguisés.

• Il aura du mal à faire des évolutions de salaire, étant contraint par le TJM (soumis à divers pressions : l'ESN qui veut garder sa marge, le client qui veut un TJM le plus bas possible, la concurrence de pays à bas coûts. Voir schémas LE DILEMME DU TJM ⏴ et EXEMPLES DE TJM ⏴).

• Les clients prennent de plus en plus de mesures pour montrer qu'il s'agit d'une régie ou non pas d'un équivalent de poste temps plein à créer. Les sociétés de taille importante s'encadrent de nombreux juristes sur ces sujets.

Pourtant le fait d'être en régie offre des opportunités d'être embauché au sein de la société cliente (voir §. Quitter son ESN).

La régie est également un moyen de se faire une expérience, souvent dans des grands groupes, avec des possibilités d'évolution ou de changement de carrière, et de faciliter la mobilité géographique pour

Cartographie des situations vécues par un salarié dans une ESN

Excellentes opportunités

Propositions de nouvelles missions dans le champ des compétences du salarié

Projets d'informatiques internes à l'ESN

Participation à la réponse d'appels d'offres

Formations certifiées ou internes à l'ESN

Propositions délicates

Aide au recrutement au sein de l'ESN

Gestion administrative

Aucune tâche attribuée (le salarié est à son domicile)

Aucune tâche attribuée (le salarié doit venir dans les locaux de l'ESN)

Zone d'inconfort

Proposition de missions totalement hors compétences du salarié

Proposition de missions avec déplacement sur le territoire français (clause de mobilité)

Demande de l'ESN au salarié de poser des congés payés (ou RTT)

Conflits

Licenciement pour faute grave / lourde (refus de mobilité)

Harcèlement moral

Menaces

A noter

Avant votre embauche, méfiez-vous des fausses réputations d'une ESN (bonnes ou mauvaises).

Préférez demander l'avis à plusieurs salarié(e)s d'une ESN pour vous faire votre propre opinion.

Les situations des salariés sont parfois très différentes au sein d'une même entreprise.

ceux qui le souhaitent. C'est aussi un incontournable pour trouver un emploi, surtout pour les débutants, dans certains sites à forte concentration d'entreprises technologiques.

Enfin, une fois en place chez des clients, le salarié prestataire de l'ESN peut se construire un réseau de relations pour changer de postes ou d'entreprise. Le lobbying n'étant pas à négliger, surtout sur certains bassins d'emplois.

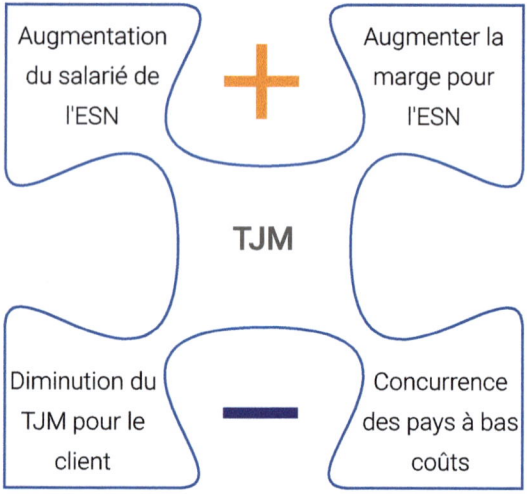

Exemples de TJM (France)

Développeur débutant	Développeur expérimenté	Chef de projet expérimenté
300 €	**400 €** valeur de référence	**500 €**

Expertise développement	Expertise sécurité	Expertise gestion de crise
600 €	**1000 €**	**2500 €**

Régie
(ou Assistance Technique)

Location de compétences

- ☑ Intervention des salariés de l'ESN dans les locaux du client
- ☑ Application d'un TJM par salarié "prêté"
- ☑ Obligation de moyens
- ☑ Assistance technique
- ☑ Durée de prestation variable (quelques jours à quelques années)

— **Forfait** : c'est une solution clé en main, réalisée la plupart du temps dans les locaux de l'ESN. Le client demande une solution (logiciel, matériel, hébergement, etc.) à l'aide d'un cahier des charges à partir duquel l'ESN va faire une proposition commerciale.

On pourra distinguer plusieurs modes de fonctionnement au sein de l'ESN pour répondre à des forfaits :

• Des plateaux dédiés, avec des développeurs, ingénieurs, chefs de projets, directeurs de projets, force commerciale... Pour être rentable (coûts fixes sur les locaux et personnes mobilisées, supportés par l'ESN), il faut remporter régulièrement des contrats en forfait, donc avoir une force commerciale efficace et travaillant étroitement avec les équipes techniques.

• Des petits plateaux, constitués d'un noyau de personnes (chefs de projets) à l'année, et des compléments de ressources provenant bien souvent des intercontrats. Il est parfois difficile de jongler avec des intercontrats qui vont et viennent en fonction des missions (« auberge espagnole ») et des compétences pas toujours adaptées pour répondre aux besoins des clients.

• Des ESN vont même jusqu'à découper leur forfait sur plusieurs sites (pôles de compétences) géographiques, voir sous-traiter des parties à d'autres ESN. Cela demande beaucoup d'organisation.

« **Pour critiquer les gens il faut les connaître, et pour les connaître, il faut les aimer.** »

Coluche, artiste, comique.

Forfait

<table>
<tr><td rowspan="5">Vente d'un service</td><td>☑ Contrat avec engagement de résultat</td></tr>
<tr><td>☑ Indicateurs de niveau de service</td></tr>
<tr><td>☑ Pénalités en cas de non respect des indicateurs de niveau de service</td></tr>
<tr><td>☑ Se réalise souvent dans les locaux de l'ESN</td></tr>
<tr><td>☑ Ressources humaines et matérielles à la charge de l'ESN</td></tr>
</table>

Exemples d'indicateurs de niveau de service :

- Taux de couverture des tests
- Délais de corrections de *bugs*
- Nombre de *bugs* générés
- Nombre de jours de retard dans la livraison
- Taux de réalisation des exigences fonctionnelles
- Respect de SLA (Service Level Agreement)

— **Proposition commerciale** : l'ESN va émettre un document (appelé *propale* dans le jargon du métier) répondant à un appel d'offre et contenant, de façon sommaire, les solutions retenues (le reste sera détaillé dans un cahier des charges ou spécifications fonctionnelles et techniques) ainsi que le coût de la prestation.

Ce document est émis dans le cas d'un forfait, mais également en régie pour renouveler les prestations (les durées sont variables — pour des régies longue durée, c'est bien souvent pour une période de 1 à 3 mois).

— **Centre de service (CDS)** : c'est le regroupement de compétences et méthodes dans les locaux de l'ESN pour répondre, au mieux, à des besoins récurrents et massifs de clients. Le but ultime étant de réduire les coûts (entre 5% et 20%).

Le CDS a pour but une industrialisation des processus :
• Équipe stable en ressource (ex : point de contact unique avec de l'ancienneté).
• Méthodes de travail.
• Abaques de chiffrage.
• Matrices de compétences.
• Niveaux de services garantis (ex : SLA).
• Référentiel documentaire.
• Normes de gestion de projets (ex : PMI, ITIL).
• Normes de qualité (ex : ISO).
• Outils (ex : gestion de signalisation de bugs, gestion de projets, stockage de documents).
• Indicateurs de performances (KPI) quantitatifs et qualitatifs.

Pour avoir des CDS rentables, les ESN doivent avoir de véritables commerciaux pro actifs afin de décrocher des contrats à long terme et convaincre leurs clients d'établir une relation de confiance et d'engagement de résultats avec eux.

— **Turn-over** : c'est un indicateur mesurant le rythme de renouvellement des effectifs d'une entreprise (nombre d'embauches par rapport au nombre de départ).

Il est particulièrement suivi dans les ESN où il est souvent plus élevé

que dans les autres secteurs car :
• Les salariés d'une ESN changent plus facilement d'ESN pour leur évolution de carrière et/ou salaire.
• Les opportunités sont plus nombreuses d'une ESN à l'autre, et permettent de changer de mission.
• Les conflits sont aussi plus nombreux (carrière, salaire, intercontrat...) et incitent le salarié à quitter l'ESN.

En général, un taux de turn-over important reste un signe négatif dans une entreprise :
• Manque d'attention envers les salariés par la direction de l'entreprise.
• Mauvaise ambiance générale.
• Manque d'expérience et d'historique (la mémoire) dans l'entreprise (plus assez d'encadrants).
• Concurrence acharnée dans le secteur.

— **Onshore / Nearshore / Offshore** : on désigne par ces appellations le fait de sous-traiter dans son propre pays (onshore), dans les pays voisins (nearshore), ou très loin (offshore).

Les entreprises françaises ont une tendance de plus en plus forte à utiliser la sous-traitance, pour des raisons de flexibilité de l'emploi (l'entreprise qui sous-traite n'a pas à licencier), et de coûts (de structure et du travail), de fiscalité, et d'optimisation fiscale (filiales, holdings, royalties entre pays...)

Le nearshore consiste à sous-traiter bien souvent dans l'union européenne (Pologne, Roumanie...) et le bassin méditerranéen (Maroc, Tunisie...).

Quant au offshore (on peut citer principalement la Chine, l'Inde, la Russie...), les expériences sont plus ou moins heureuses. L'éloignement génère des difficultés au quotidien :

• Décalage horaire.

• Barrière de la langue.

• Différences culturelles.

• Appréciation de la qualité d'un produit différente du pays cible.

• Efficacité du service client discutable.

• Des différences de coûts qui se réduisent.

• Un rapport coût / qualité faible.

• Management à distance complexe.

• Délais allongés.

Quels avantages et inconvénients pour les clients des ESN ?

Les sociétés clientes des ESN ont recours à ces types de prestations pour plusieurs raisons :

• Elles n'ont pas à embaucher de nouveaux salariés (et donc gérer des éventuelles périodes plus délicates de licenciement).

• Les prestations de type régie sont souvent décomptées fiscalement car il s'agit ni plus ni moins de « fournitures » (comme une imprimante ou un paquet de crayons !).

• En régie, il est relativement simple de remplacer quelqu'un s'il ne convient pas au client.

• La régie est un bon moyen d'augmenter le nombre de personnes présentent physiques dans les locaux du client. Cela permet parfois de faire illusion d'avoir une quantité de main d'œuvre importante dans les locaux de la société cliente (pour conserver un site dans les grands groupes par exemple, ou décrocher des contrats lors de visite des bâtiments...). Il est en effet impossible de différencier un interne d'un prestataire la plupart du temps (badge, bureaux réservés sont très rares, etc.).

• Inversement, en forfait, il n'y a pas besoin de prendre des locaux supplémentaires puisque le travail est réalisé dans ceux de l'ESN.

• Le coût final n'est pas si élevé quand on compte la flexibilité de l'opération (licenciement, défiscalisation...). De plus, les marchés financiers et investisseurs sont très friands d'une entreprise flexible.

• Si les CDS sont des moyens de négocier les tarifs à la baisse, avec engagement de résultats, la Direction des Services Informatiques (DSI) du client peut perdre en expérience et connaissance du métier du fait de plus avoir ses équipes projets sur place.

Quitter son ESN

Le propos de ce paragraphe n'est pas de décrire la procédure légale pour démissionner de son ESN, mais plutôt la méthode pour le faire. Plusieurs cas de figure peuvent se présenter :

• Salarié en forfait dans les locaux de l'ESN : il faut prévenir son employeur (donc l'ESN) avant tout. Attention à ne pas informer d'abord les clients de son départ. En effet, si l'employeur apprend la nouvelle via un de ses clients, le salarié sera dans une position délicate, surtout s'il veut négocier un départ anticipé, c'est-à-dire avant la fin du préavis légal.

• Salarié en régie dans les locaux du client : c'est la situation la plus délicate à gérer. Le salarié à tendance à oublier que le client pour lequel il travaille n'est pas son employeur. Il doit donc informer avant tout son véritable employeur, l'ESN. De nombreuses situations sont décrites dans le schéma Cas de démission de l'ESN pendant une régie ▣.

✎	**A noter**

C'est bien souvent le commercial de l'ESN qui informe les clients du départ d'un collaborateur.

Cas de démission de l'ESN pendant une régie

Situation	Méthode
Démission vers une autre entreprise, sans aucun lien avec le client ou l'ESN.	Informez d'abord votre employeur (l'ESN), qui informera le client pour lequel vous travaillez.
Démission vers une autre ESN, en restant dans les locaux du client.	Situation complexe : attention aux clauses de non concurrence entre ESN. Informez le client que vous changez d'ESN et que vous voulez toujours travailler pour lui. Vous serez sûrement amené à changer de poste, mission ou équipe chez le client.
Démission vers une autre ESN, en souhaitant rester sur la même mission chez le client.	C'est en général impossible (clause de non concurrence). Pour que cela se fasse, il faut l'accord du client, de l'ancienne et la nouvelle ESN.
Démission de l'ESN pour embauche chez le client.	Situation assez courante. Faites la démarche en bonne harmonie entre votre ESN et votre client qui va devenir votre futur employeur.

Sachez que lorsque vous êtes en mission et travaillez pour un client, il s'agit d'un contrat pour votre ESN. Lorsque vous démissionnez, l'ESN considère qu'elle doit vous remplacer par un autre collaborateur afin de garder le contrat. Si vous mettez en difficulté votre ESN au moment du départ, elle peut considérer que vous sabotez (volontairement ou involontairement) son contrat en cours avec son client. Méfiez-vous donc des attaques juridiques à votre encontre, ou bien d'une mise sur liste noire de votre nom auprès de sociétés clientes ou ESN. Le monde de l'informatique est parfois petit...

Gardez à l'esprit que vous allez évoluer au cours de votre carrière. Vos collaborateurs aussi. Privilégiez les départs et changements en bonne harmonie. Vous serez peut-être amené à vous revoir un jour dans des contextes très différents.

Restez professionnel et travailleur jusqu'au dernier jour. Vous êtes salarié jusqu'à la dernière minute pour faire correctement votre travail.

✎ A noter

Evitez tout conflit lors d'un départ, vous ne savez pas de quoi sera fait demain.

N'en profitez pas pour régler vos comptes.

Les entreprises peuvent se contacter pour prendre des renseignements sur vous. Donnez une bonne image jusqu'au bout.

N'essayez pas de gagner sur tous les tableaux, et de faire monter les enchères, vous risqueriez de tout perdre.

Métiers et carrières

Un arc-en-ciel de métiers

Aujourd'hui et plus que jamais, on demande des collaborateurs multi-compétences : un développeur avec de l'autonomie, un sens de la décision, des compétences graphiques, etc. Un chef de projet avec des connaissances techniques solides, et un savoir-faire dans la gestion budgétaire.

Sortez des sentiers battus en diversifiant votre parcours professionnel. N'ayez pas peur du changement, de faire des métiers qui vous semblent éloignés. Votre parcours sera ainsi plus riche, et vos compétences plus attrayantes pour les employeurs.

Ne confondez pas **métier** et **carrière**. Le métier est l'activité exercée dans un domaine professionnel et nécessitant l'acquisition d'un savoir-faire. La carrière est l'ensemble des métiers que vous allez exercer, avec une cohérence sur l'ensemble (même domaine d'activité, augmentation de la responsabilité, du champ de compétence...) mais également avec vos affinités et vos envies qui évolueront au fil de votre vie.

Certaines entreprises mettent en place des **plans de carrière**. C'est-à-dire que l'on vous aide à gérer votre carrière et répondre à vos aspirations, objectifs. Vous construisez avec des gestionnaires de plan de carrière un dossier, que vous allez enrichir et faire évoluer régulièrement. C'est surtout un travail sur soi-même, et un état des lieux personnel à faire le plus honnêtement possible. L'entreprise met ensuite, autant que faire se peut, des moyens pour vos permettre de faire évoluer votre carrière (formations, propositions des postes, promotions, diplômes...).

En France, les plans de carrière sont plutôt rare dans les entreprises, même celles de taille importante.

Vous aurez souvent un **entretien individuel**, annuel, qui correspond au suivi de votre métier. Ne confondez pas cela avec un plan de carrière ! Même si vous parlez d'une évolution de poste, il ne s'agit que d'une étape à un instant de votre vie. Le plan de carrière prend en compte l'ensemble de votre parcours, et vos aspirations plus lointaines.

C'est donc bien souvent à vous seul de définir où vous souhaitez aller, ce que vous souhaitez faire sur le long terme.

Utilisez les **formations** proposées par l'entreprise pour faire évoluer votre carrière. N'hésitez pas à demander des formations hors du périmètre de votre métier pratiqué. Insistez, car elles sont souvent refusées quand trop loin du métier en cours d'exercice (en restant dans la limite du raisonnable). Pour les formations plus éloignées de votre

A noter

Bien souvent, n'attendez pas des autres votre évolution de carrière. Prenez vous-même les choses en main.

Une carrière n'est pas une évolution théorique provenant de livres, elle doit vous correspondre et vous satisfaire.

N'ayez pas peur des préjugez ou avis négatifs de vos collaborateurs ou proches. Les parcours atypiques ont aussi de belles réussites.

Définissez vos objectifs : professionnels (plaisir du travail, rémunération, prestige...) et personnels (avoir du temps pour soi, changer régulièrement, travailler à l'étranger, réaliser un rêve d'enfance...).

Développer sa carrière

Moyens

- ☑ Etudes
- ☑ Formations de professionnalisation / certifiantes
- ☑ Validations par ancienneté (VAE : validation des acquis de l'expérience)
- ☑ Promotion interne de l'entreprise
- ☑ Réseau (lobbying)

cœur de métier, vous pouvez utiliser votre Compte Personnel de Formation (CPF). Voir OUTILS ⮐.

Citons, sans être exhaustif, certains métiers que l'on trouve fréquemment dans les entreprises d'informatique :

• Développeur : applications PC (C, java), applications mobiles, web (front), OS, systèmes embarqués et temps réels...

• Lead Technique.

• Sysadmin (administrateur système).

• Administrateur réseaux.

• PPFS (pilote de plateforme).

• DevOps (Développement et Opérations).

• Architecte.

• DBA (DataBase Administrator).

• Chef de projets.

• Directeur de projets (ou responsable de programmes).

• Testeur.

• Spécialiste sécurité.

• Experts (vidéo, audio, algorithme, etc.).

- Commerciaux (avant-vente).
- Responsable de centre de services.
- Manager.
- Ergonome
- Graphiste

Les métiers sont nombreux et variés, et pas seulement axés sur la technologie. Cela permet d'éviter de tomber dans le classique schéma d'évolution de carrière suivant : un développeur devient lead technique, puis chef de projet, puis manager.

Un bon développeur ne sera pas forcément un bon lead technique ou chef de projet. Il s'agit de métiers différents, demandant des compétences spécifiques.

A noter que les formations qui permettent de sortir avec un diplôme "chef de projet" sont souvent peu reconnues. Il est difficile de donner un rôle de véritable chef de projet, pilotant des dizaines de collaborateurs, avec des enjeux financiers importants à un jeune diplômé. Les premières missions seront ainsi souvent "assistant chef de projet".

Attention à ne pas confondre les **liens hiérarchiques** avec les métiers de chacun ! Un chef de projet pilote des équipes mais uniquement au sens du projet. C'est le manager qui est responsable de l'ensemble de ses collaborateurs. Ainsi le chef de projet peut rapporter le mauvais travail d'un membre de son équipe, mais seul le manager peut prendre une décision sur le collaborateur (recadrage, changement de poste, licenciement, rupture de contrat, etc.).

Exemple d'évolution de carrière

Développeur	3 ans
DBA (DataBase Administrator)	2 ans
Sysadmin	1 an
PPFS (pilote de plateforme)	3 ans
Expert système Linux	5 ans

Exemple de liens hiérarchiques

Directeur régional	
Responsable service	
Manager 1	Manager 2
Développeur 1 ; Développeur 2 ; Développeur 3 ; Développeur 4 ; Sysadmin 1 ; Sysadmin 2 ; Pilote de plateforme 1 ; Chef de projet 1 ; Chef de projet 2	Testeur 1 ; Testeur 2; Testeur 3; Testeur 4

Exemple d'organisation projet (sans lien hiérarchique)

Directeur projet		
Chef de projet 1		Chef de projet 2
LeadTech 1		Développeur 1 ; Développeur 2 ; Développeur 3 ; Testeur 1
Développeur 1 ; Développeur 2 ; Devops 1 ; Sysadmin 1	Testeur 1 ; Testeur 2 ; Testeur 3	

Dans ce type d'organisation projet, on peut noter :

• Le directeur projet gère des budgets, des ressources (matérielles et humaines), des délais, et une synchronisation des chefs de projets.

• Le chef de projet 1 va s'appuyer sur un lead technique pour faire ses chiffrages et suivre techniquement les équipes. Le lead technique rapportera au chef de projet l'avancement, les problèmes à régler, etc. Dans ce cas, le chef de projet peut s'abstenir de faire un point directement avec le reste de l'équipe.

• Le chef de projet 2 pilote directement les développeurs et un testeur. Ils devront rapporter leur travail directement à celui-ci. En cas de problème majeur, une escalade sera faite au directeur de projet pour prendre les mesures nécessaires à la résolution du problème.

• Il n'y a pas de liens hiérarchiques, mais uniquement projet.

Compte Personnel de Formation (CPF)

http://www.moncompteformation.gouv.fr/

Le contrat de professionnalisation

http://travail-emploi.gouv.fr/informations-pratiques,89/les-fiches-pratiques-du-droit-du,91/contrats,109/le-contrat-de-professionnalisation,992.html

Le portail de la validation des acquis de l'expérience (VAE)

http://www.vae.gouv.fr/

Organiser ses congés

Avant le départ

S'il est généralement simple de poser et prendre des congés, s'organiser professionnellement avant le départ peut l'être moins et laisser un désagréable souvenir à vos collègues.

Tout d'abord, **anticiper** au maximum vos dates de départ et retour. Prévenez ensuite votre hiérarchie, officiellement, mais également les personnes avec qui vous travaillez, et n'hésitez pas à le répéter (au cours de réunions par exemple). Evitez ainsi les remarques « on n'était pas au courant », « et finalement tu parts combien de temps ? ».

Si vous avez beaucoup de travail, affinez votre planning pour voir ce que vous pourrez réellement terminer avant le départ en congé, ce que vous reprendrez à votre retour, et les tâches que vous allez déléguer pendant votre absence.

Pour le travail en équipe, n'hésitez pas à demander à l'avance qui va pouvoir vous remplacer (***backup***). Faites un résumé ou état des lieux de votre travail, par email par exemple, pour l'envoyer à vos collègues. Ne faites pas un email fleuve, mais soyez synthétique et notez les points importants.

Méfiez-vous de votre **dernière journée** avant les congés. On a tendance à repousser au dernier moment bon nombre de choses à faire avant le départ. Cette journée peut devenir un enfer, par le nombre de tâches à penser, réaliser, et la longueur de la journée. Inversement, ne partez pas en laissant les choses en l'état, sans prévenir vos collègues, sans un état des lieux, en claquant la porte. Votre retour risquerait d'être difficile...

Faites un planning réaliste de vos tâches à réaliser avant votre départ en congé.

Ne comptez pas tout faire le dernier jour. C'est le meilleur moyen de partir stressé.

Informez vos collègues de votre état des lieux.

Ne les prévenez pas le dernier jour de ce qu'ils auront à faire pendant vos congés.

Prenez de vrais congés : coupez smartphone, tablette, pc portable. Vous n'avez rien à faire, et surtout pas à culpabiliser de ne rien faire.

Retour de congé

Maintenant que vous avez passé de bonnes vacances, le retour est parfois une source d'angoisse pour se remettre à niveau.

La première chose à comprendre, c'est que vous n'avez pas à rattraper des congés, et donc travailler deux fois plus pendant quelques semaines.

Commencez par vous informer (au café !) auprès de vos collègues des dernières informations sur votre travail, projet, et l'entreprise. En quelques minutes de discussions, on peut parfois rattraper plusieurs semaines. N'hésitez pas également à voir votre responsable pour qu'il vous fasse un statut.

L'outil souvent considéré comme indispensable est l'email. Si c'est bien souvent pratique, c'est aussi une source de stress et une perte de temps énorme pour reprendre son activité. La méthode présentée au schéma Trier ses emails au retour de congé ⊡ présente des moyens simples et efficaces pour sortir de la spirale de l'email envahissant. Respectez impérativement le temps imposé afin de vous limiter. Ainsi, vous devez avoir traité vos emails restants en une demi-journée, au maximum.

Plus vous allez passer du temps à lire les emails reçus pendant vos congés, plus de nouveaux emails vont arriver dans votre boîte. Il faut parfois compter 1 semaine à une personne pour se remettre au fil de l'eau des emails. C'est beaucoup trop, et cela génère un stress de ne pas être au niveau.

✏ A noter

Ne cherchez pas à lire tous vos emails. C'est inutile.

Plus vous passerez du temps à lire vos emails reçus pendant les congés, plus vous aurez du mal à rattraper l'actualité du moment. Cela génère stress et frustration, même sans le savoir.

Vous n'avez pas à rattraper vos congés, sinon ce ne sont pas des congés.

Essayez autant que possible de reprendre votre planning que vous aviez écrit avant vos congés.

Trier ses emails au retour de congé

Dès la réception de vos emails reçus pendant vos congés, **créez un répertoire** « congés août 2015» et **déplacez** tous vos emails reçus pendant votre absence.

Ne cherchez pas à organiser par la suite ces emails dans vos dossiers habituels. Faites comme si vous ne les aviez jamais reçus.

⏱ : 5 min max.

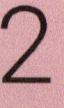

Commencez par trier vos emails, par **expéditeur**, et **supprimez** tout ce qui est inutile (email automatiques, notifications internes inutiles...).

⏱ : 20 min max.

Toujours en gardant le tri par **expéditeur**, **lisez** (sans répondre) ensuite uniquement les emails de personnes que vous jugez importantes (manager, responsable, collaborateurs directs...).

Limitez cette liste à quelques personnes et quelques emails d'eux (les derniers, les sujets qui vous paraissent intéressants).

⏱ : 60 min max.

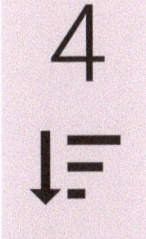

Triez ensuite vos emails par **conversations**. Ne lisez (sans répondre) que le dernier email des conversations, et limitez également le nombre de conversations que vous allez lire.

⏰ : 60 min max.

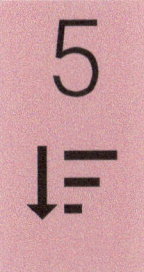

Triez enfin par **importance** et **suivi** (email avec notification importante (!), ou drapeau) les emails restants et non lus.

Lisez ceux-ci, encore une fois sans répondre.

⏰ : 10 min max.

Répondez maintenant uniquement aux emails que vous avez jugez importants, et récents.

Le fait de ne répondre qu'à la fin de lecture vous permettra de savoir ce que vous avez vraiment retenu, et donc ce qui est vraiment important et urgent.

Vous éviterez aussi de noyer vos collègues dans de nombreuses réponses (parfois obsolètes et devenues inutiles).

⏰ : 30 min max.

Les points clés de l'entreprise

Les équipes

La construction d'une équipe est le point de départ essentiel d'un projet, d'une entreprise.

Choix des compétences, mais pas seulement : caractères, âges, parcours sont autant de variables qui peuvent considérablement modifier le cours d'un projet :

• **Caractères** : l'équipe devra être constituée de personnes permettant le dialogue, la prise d'initiative, la synthèse. On parlera de personnes de type « interne » pour celles qui aiment se centrer sur le monde intérieur des idées et des expériences (énergie à l'intérieur d'elles-mêmes, calme, profond, concentration, réflexion...) ou « externe » pour celles qui aiment se centrer sur le monde extérieur des gens et des activités (énergie dans l'interaction avec les autres, expressif, large, interaction, parle...). Si une équipe composée de caractères différents est un atout, constituer des groupes aux caractères similaires sera plutôt un handicap (conflits, manque de contradictions et réflexions, etc.).

• **Âge** : le mélange de jeunes diplômés avec des personnes plus expérimentées est aussi un atout. Certains apporteront du dynamisme,

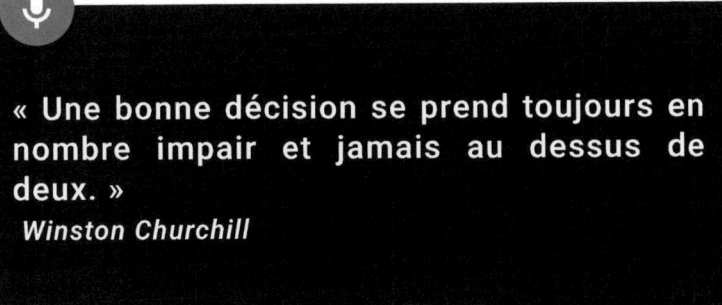

« Une bonne décision se prend toujours en nombre impair et jamais au dessus de deux. »
Winston Churchill

des idées nouvelles, les autres l'expérience, les pièges à éviter, la vision long terme...

• **Parcours** : l'enrichissement de l'équipe peut également se faire avec des parcours individuels très différents, en terme de compétences mais aussi de métiers.

Une équipe c'est aussi une collection d'individus, avec des motivations individuelles, des besoins différents qui ont un objectif commun, tout en gardant du plaisir à le réaliser.

Il faut donc identifier ce que chacun attend : rémunération, considération, responsabilité, ambiance...

Les comportements

Un point également important est de reconnaître les différents **comportements** des personnes avec qui l'on travail, mais aussi le sien, pour mieux se connaître et maîtriser ses forces et faiblesses.

On distingue 4 types de comportements : agressif, manipulateur, passif, assertif (voir schéma CARACTÉRISTIQUES DES 4 TYPES DE COMPORTEMENTS ⊡).

Essayez de faire une cartographie de votre entourage professionnel, mais aussi de vous-même le plus honnêtement possible. Sachant que chacun n'est pas 100% d'une catégorie, mais plutôt un mélange, comme par exemple : 80% agressif et 20% manipulateur.

Les comportements agressifs, manipulateurs et passifs traduisent un manque de confiance en soi. Seul l'assertivité représente la confiance en soir.

Comportement passif

    ◊ Crainte

    ◊ Dévalorisation de soi

    → On se laisse exploiter

    → On est influençable

    → On joue les victimes

    → On n'ose pas prendre la parole en public

    → On ne prend pas d'initiatives

    → Précautions oratoires

    → Hésitations

    → Attitude physique :

        Moues de doute

        Regard de chien battu

        Gestes de contenance

Comportement agressif

◇ Domination
◇ Survalorisation de soi

→ On joue les petits chefs
→ On persécute quelqu'un
→ On s'oppose à toute opinion
→ On critique tout
→ On cherche à prendre toute la place

→ Jugements de valeur
→ Critiques
→ Ton exigeant
→ Attitude supérieure

Comportement manipulateur

◇ Comportement calculé
◇ Expression contradictoire

→ On fait jouer ses réseaux
→ On utilise le chantage
→ On a recours à la flatterie
→ On lance des rumeurs

Comportement assertif

◇ Prendre sa juste place
◇ Respecter celle des autres

→ Oser dire ses opinions
→ Assumer ses décisions
→ Ne pas jouer les moralisateurs
→ Être constructif
→ Confronter les autres
→ Savoir poser des limites

→ Discours factuel
→ Mots précis
→ Voix claire
→ Attitude posée

 ## A noter

L'intérêt d'être assertif (ou de le devenir) :
• Respect de soi et autonomie.
• Combativité
• Confiance en soi et crédibilité
• Relations constructives

Enfin, n'oubliez pas les 5 familles de droits fondamentaux de la personne :

1. Respect de soi et des autres.
2. Droit à l'expression.
3. Droit à l'erreur.
4. Droit d'exprimer ses préférences.
5. Droit d'assumer ses actes.

Répartition hommes - femmes dans l'informatique

L'informatique, en France, fait partie des métiers ou le nombre de femmes y travaillant est beaucoup plus bas que dans d'autres : on compte environ 20% d'ingénieurs de l'informatique et des télécoms femmes (sources Insee, Dares, La répartition des hommes et des femmes par métiers, 2013).

Il n'est donc pas rare de voir des équipes entièrement masculines.

Sauf à forcer le recrutement, les candidats sont bien souvent des hommes, les écoles d'ingénieurs ayant également des taux assez bas de femmes dans ce secteur. Et la tendance semble ne pas s'inverser, bien au contraire. Le désintérêt des jeunes filles pour le numérique en France est important, à la différence de nombreux autres pays (Europe de l'est, Asie...) ou l'équilibre est atteint, voir même dépassé.

Qualité - Coût - Délai

Toute entreprise qui se doit, cherche à fabriquer des produits de **qualité**, pour un **coût** le plus bas, et dans un **délai** le plus court possible.

Ces trois paramètres sont bien souvent liés et génèrent une multitude de combinaisons, plus ou moins heureuses.

Pour obtenir un logiciel de qualité, il faut mettre en place une équipe conséquente, avec des profils parfois expérimentés, ajouter des testeurs, et prendre le temps de finir correctement les développements et la phase de validation. Les coûts peuvent ainsi parfois exploser, et les délais s'allonger. Plus les délais s'allongent, plus les coûts continuent d'augmenter (il faut payer les équipes en place, la location du matériel, etc.). Parfois, le produit est tout simplement abandonné tant les coûts sont élevés et la qualité faible.

Il faut donc définir, dès la création d'un produit, le niveau de qualité souhaité. Cela se mesure à l'aide de **KPI** (*Key Performance Indicators* - **indicateurs clefs de performance**). On peut choisir d'avoir une solution rapide, pas cher, mais avec un niveau de qualité dégradé (on parle souvent de *quick wins*). Au contraire, on peut exiger une qualité élevée, mais les coûts et délais devront être scrupuleusement analysés, partagés, et acceptés par les clients.

Il faut faire attention à ne pas chercher à faire de la sur-qualité, c'est-à-dire entrainer des coûts inadaptés au marché cible du produit.

Sachez qu'à partir d'un certain niveau de qualité, les coûts deviennent exponentiels. En effet, s'il est relativement simple de trouver les premiers défauts d'un logiciel, pouvoir découvrir la totalité de ceux-ci exige des moyens importants. Un logiciel de cuisine n'a pas le même niveau d'exigence qu'une application financière, celle-ci n'ayant pas non plus le même impact qu'un logiciel temps réel embarqué dans un avion (voir schéma Niveau de qualité et coûts associés ⇥).

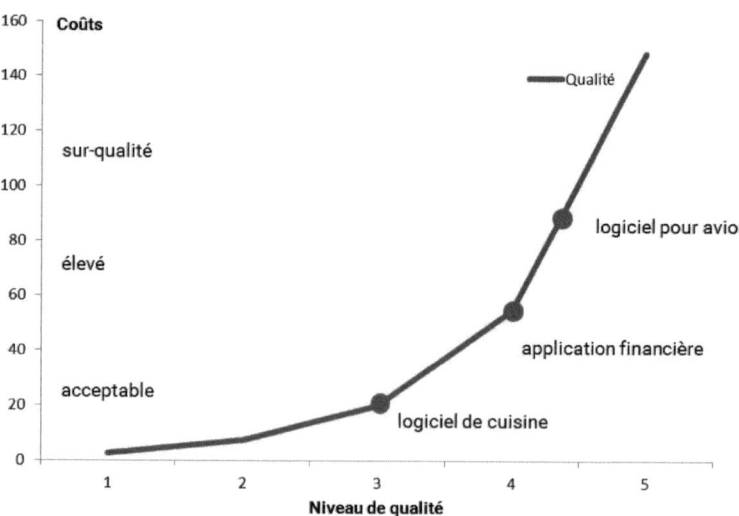

Niveau de qualité et coûts associés

On représente souvent ces trois variables dans un triangle. Celui que nous vous proposons dans le schéma Triangle Qualité - Coût - Délai ⇥ est plus simple à comprendre que la plupart. Le but étant d'avoir la meilleure qualité possible (hypothèse de base sur laquelle on part), plus on veut réduire le coût ou le délai, plus cela semble impossible. On voit ainsi que l'idéal serait de se situer à l'équilibre, donc au centre du cercle, ce qui est très rarement réalisable dans un quelconque projet. Il faudra donc arbitrer et choisir ou l'on veut se positionner.

Triangle Qualité - Coût - Délai

Coût faible

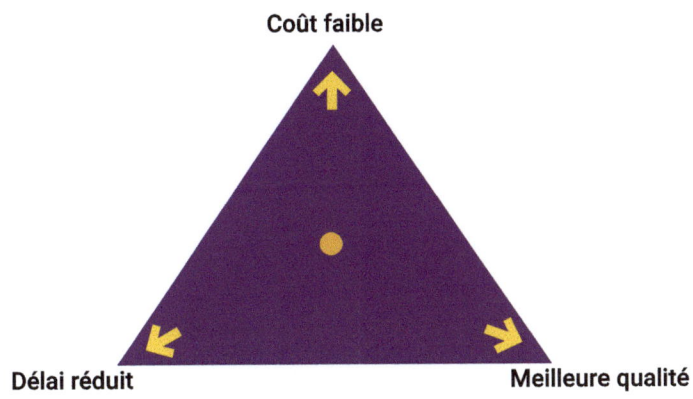

Délai réduit　　　　　　　　　　　　　**Meilleure qualité**

En caricaturant à l'extrême, on obtient :

• « Coût faible » : réduction des moyens (humains et matériels). La qualité est basse (pas de phase de test), les délais sont allongés (moins de développeurs, un matériel lent et peu performant).

• « Délai réduit » : augmentation des moyens (humains et matériels). Les coûts augmentent (on paye plus de développeurs, des experts, du matériel rapide et performant), on fait l'impasse sur les phases de tests pour raccourcir les délais (les tests sont bien souvent les premières choses annulées pour gagner du temps dans un projet).

• « Meilleure qualité » : augmentation des moyens (humains et matériels). Les coûts augmentent (développeurs plus expérimentés, tests unitaires, tests automatiques et manuels...) et les délais aussi (phases de préparation et exécution des tests, documentation...)

Image de la marque

La plupart des entreprises font particulièrement attention à leur image, c'est-à-dire aux différents messages qu'elles renvoient au grand public (ou aux professionnels en B2B).

La marque c'est bien souvent un logo, une identité visuelle, un état d'esprit, des valeurs. L'image, c'est la perception que se fait le grand public de la marque. C'est bien souvent subjectif, car certaines personnes ont une bonne image d'une marque jusqu'à en devenir des ambassadeurs (exemples : sport, boissons etc.), en total opposition avec des associations qui peuvent se monter contre une marque (exemples : protection des consommateurs, publicité mensongère, écologie, etc.).

S'il est bien difficile de plaire à tout le monde, l'image qu'une entreprise renvoie est important, autant pour ses ventes que pour ses propres employés. C'est aussi le moyen de se distinguer des autres, de se rappeler d'elle.

Il existe des indicateurs (et entreprises spécialisées dans le domaine) pour mesurer l'**image d'une marque** (en anglais : *Brand Power Index*) et pour mesurer la **recommandation client** (en anglais : *Net Promoter Score*). Ces deux indicateurs peuvent s'opposer. Une entreprise peut avoir une bonne image auprès du grand public (exemple : produits de bonne qualité, innovants) mais ne pas avoir une recommandation importante (exemple : leurs produits sont trop chers et complexes à utiliser).

Si la recommandation est plutôt centrée sur l'usage des produits et la relation directe avec l'entreprise, donc sur une expérience vécue, l'image quant à elle repose sur une multitude de critères objectifs et subjectifs :

tout le monde peut avoir une image d'une marque, même sans l'utiliser, sans être client, en ayant un a priori (bon ou mauvais).

A noter aussi que ces indicateurs peuvent énormément varier dans le temps mais aussi dans l'espace (d'un pays à l'autre). Une mauvaise campagne de publicité, une série de produits de faible qualité, un manque d'innovation, etc. peuvent dégrader à court, moyen et long terme l'image d'une marque. Et il est bien souvent difficile de remonter la pente...

Gestion de crises

La plupart des grandes entreprises informatiques mettent en place des mécanismes de gestion de crises. Si bien que cela en devient un métier à part entière, aussi bien en gestion de projet, en hébergement, qu'en situation exceptionnelle qui peut survenir à n'importe quel moment.

La crise est une situation qui dérape, devient complexe, avec des impacts pour les clients, qui peut ternir l'image de l'entreprise, engendrer des coûts imprévus.

Il est important de bien **définir** une crise, savoir repérer à quel moment la situation ne semble plus maîtrisée pour faire appel à des moyens exceptionnels, avec des procédures exceptionnelles.

Généralement, on prévoit des **plans de gestion de crise**. C'est souvent un document contenant le nom de correspondants qui vont gérer la crise, avec des rôles bien définis, et que chacun va respecter scrupuleusement. Cette phase de définition des rôles est primordiale, car souvent une crise survient au moment où l'on s'y attend le moins, et un mode panique peut apparaître dans l'ensemble des équipes (technique, management, direction...).

Des numéros contenant des ponts téléphoniques seront notés, ainsi que les **chaînes de soutiens** à activer.

Généralement, un pont téléphonique technique est ouvert pour synchroniser uniquement les intervenants techniques, et un pont téléphonique de management pour prendre les décisions sur les moyens à mettre en œuvre, la communication externe, la communication avec la direction de l'entreprise, etc. Il est très important de séparer les décisions techniques (pour le rétablissement d'un service), des décisions de management qui concerne la communication et les moyens à mettre en place.

Un rôle de superviseur de gestion de crise peut être attribué à quelqu'un. C'est lui qui fera les choix pour le rétablissement normal de la situation, en s'appuyant sur les avis des personnes compétentes dans les équipes techniques. Il doit avoir du **recul** sur la situation, et **prendre le temps** qu'il faut. La précipitation pour rétablir un service est souvent une source de stress extrême, et de cumul d'erreurs qui ne font que retarder le retour à la situation normale.

On appel **Plan de Reprise d'Activité** (PRA) la procédure décrivant le rétablissement d'un service en cas de crise majeur. Il s'agit d'un ensemble de documents détaillant ce qu'il faut faire si un sinistre survenait et bloquait le bon fonctionnement de l'entreprise. Prenons quelques exemples dans le monde de l'informatique (mais qui peuvent survenir dans tout autre secteur d'activité) :

• Panne totale d'un centre d'hébergement des serveurs (*data-center*). Le PRA décrira comment basculer de site d'hébergement pour rétablir le service (il faudra donc prévoir d'être en bi-site dès le début).

• Incendie des bâtiments du service de développement. Le PRA prévoit des solutions pour continuer à travailler (ordinateurs portables pour passer en télétravail, autre bâtiment temporaire, connexions réseaux, etc.).

• Zone sismique à forte probabilité. Le PRA indiquera d'avoir d'autres sites pour l'entreprise, et de décentraliser l'ensemble des équipes sur d'autres zones.

Comme on le voit, le PRA est défini avant un sinistre, et peut avoir des impacts sur la conception d'un service, et des coûts non négligeable pour une entreprise. Il doit prendre en compte tout type de situation, mêmes exceptionnelles (inondations, incendies, attaques terroristes, séismes...).

Écrire un PRA est souvent un travail long, nécessitant de l'expertise dans différents domaines (informatique, immobilier, géographique, etc.). Des sociétés spécialisées dans le domaine peuvent aider à sa conception.

A noter

Pendant une crise il est important de prendre le temps d'analyser la situation.

Les rôles de chacun doivent être clairement définis, et communiqués à tous les participants.

Le management ne doit pas imposer les choix des solutions aux équipes techniques.

La confiance dans chacun est primordiale.

Sur les ponts téléphoniques le calme et la politesse entre les participants est la règle.

Fonctionnement interne de l'entreprise

Les entreprises, même en ayant des fonctionnements très spécifiques et diversifiés, ont des bases communes, souvent imposées par la loi, en particulier dans les groupes de taille importante.

Gestion des ressources humaines

Commençons par la **Gestion des ressources humaines** (GRH) : ce sont des pratiques qui permettent de gérer, mobiliser, développer les ressources humaines de l'entreprise. Il s'agit de gérer, entre autre, les sujets suivants :
• la paie,
• le droit du travail,
• les contrats de travail,
• le recrutement,
• la formation et le coaching,
• les carrières,
• la motivation (prime, promotion, félicitation...),
• les sanctions (avertissements, réduction des primes, rétrogradation, licenciement...),
• la communication (interne à l'entreprise),
• la gestion des connaissances...

Le règlement intérieur

Bien souvent, on vous parlera au moment de votre embauche du règlement intérieur de l'entreprise.
Ce sont des règles que vous devez suivre et qui font partie du contrat de travail et de vos responsabilités :
• Les règles de fonctionnement de l'entreprise : horaires, accès et

utilisation des locaux, des équipements, les tenues vestimentaires, etc. On peut y inclure les accès aux réseaux informatiques, et l'utilisation d'internet.

• L'hygiène et la sécurité : interdiction de consommer de l'alcool, des stupéfiants, de fumer dans les locaux, etc.

• Les sanctions : en cas de non-respect de certaines règles du règlement intérieur, des sanctions peuvent être mentionnées.

A noter que le règlement intérieur doit être affiché dans un endroit visible et accessible par les salariés de l'entreprise.

 A noter

Certains affichages sont obligatoires dans une entreprise :
• Le règlement intérieur.
• La liste des membres du Comité d'Hygiène, de Sécurité et des Conditions de Travail (CHSCT).
• Les horaires de travail.
• Les coordonnées de l'Inspection du Travail.
• Les coordonnées de la Médecine du Travail.
• Les accords et la convention collective.
• Les dispositions de lutte contre le harcèlement moral et sexuel.
• Les numéros de secours et l'organisation interne en cas d'évacuation.

Rémunération et rétribution

La rémunération consiste à rétribuer une entité en contrepartie du travail effectué :

• Le **salaire de base individuel** est en adéquation avec vos **compétences** et **responsabilités**.

• La **partie variable** (bien souvent pour des commerciaux et vendeurs) correspond à des **résultats** et une **performance**.

• L'**intéressement** (facultatif) s'appuie sur des indicateurs financiers et de qualité de service.

• La **participation** et les **actions gratuites** sont un **partage de la valeur** de l'entreprise.

• Les **avantages sociaux** contribuent à l'amélioration des conditions de vie : mutuelle santé, prévoyance, épargne, retraite, abondements... Cela permet de créer un **sentiment d'appartenance**.

 A noter

L'intéressement est :
• une forme particulière de rémunération du travail,
• facultatif,
• utilisé pour motiver le personnel et l'intéresser à l'accroissement de la performance de l'entreprise,
• disponible si un objectif global pour l'entreprise est atteint (exemple : chiffre d'affaires, bénéfice, etc.). Ces objectifs (financiers, comptables, mais pas seulement) doivent être obligatoirement mesurables et indiscutables.

Le salarié peut choisir d'être payé immédiatement de cette somme (soumise à l'impôt sur le revenu), ou de la placer pour 5 ans minimum (il est alors exonéré d'impôt sur le revenu mais pas au forfait social).

La participation est :
• la distribution d'une quote-part du résultat fiscal aux salariés,
• obligatoire pour les entreprises de plus de 50 salariés (pour moins de 50 salariés, elle est mise en place sur la bonne volonté de la direction),
• disponible pour les salariés en CDI et CDD.

Le salarié peut choisir d'être payé immédiatement de cette somme (soumise à l'impôt sur le revenu), ou de la placer pour 5 ans minimum (il est alors exonéré d'impôt sur le revenu mais pas au forfait social).

Lors de la **négociation annuelle obligatoire** (NAO), l'employeur doit, tous les ans, convoquer les délégués syndicaux pour négocier sur les salaires effectifs, le temps de travail, les mesures relatives à l'insertion professionnelle et au maintien dans l'emploi des travailleurs handicapés, ou encore sur les objectifs d'égalité professionnelle et salariale entre les femmes et les hommes dans l'entreprise.

Un **stock option** est une forme de rémunération globale variable allouée par une entreprise. C'est une rétribution incitative à moyen terme (5 ans en général en France). Il s'agit d'une option d'achat dont l'actif sous-jacent est l'action de l'entreprise employeur (acheter des actions de celle-ci à une date et un prix fixé à l'avance). Aujourd'hui la tendance est à la distribution d'**actions gratuites** (AGA) plutôt que de stock options.

Les instances représentatives du personnel (IRP)

Les instances représentatives du personnel (IRP) sont l'ensemble des fonctions de représentation du personnel définies dans le droit français. Elles sont soit élues par les salariés regroupés par collèges, ou désignées par les syndicats, pour les uns, soit nommés par les employeurs pour les autres.

Délégué du personnel

• Elus par les salariés regroupés par collèges.
• Diffusion des réclamations individuelles ou collectives.
• Surveillance de la bonne application des lois, des accords et de la Convention Collective.

CHSCT

• Comité d'hygiène, de sécurité et des conditions de travail (CHSCT).
• Institution représentative du personnel au sein de l'entreprise (obligatoire dans les établissements avec au moins 50 salariés).
• Plusieurs CHSCT peuvent exister au sein d'une même entreprise.
• Analyse des risques professionnels (inspection, enquêtes, accidents du travail, études).
• Fait des propositions d'action pour améliorer les conditions de travail.
• Est consulté avant toute décision d'aménagement important.

Délégué syndical	• Salarié désigné par un syndicat représentatif (entreprise de plus de 50 salariés). • Représente cette organisation syndicale et négocie des accords collectifs. • Exprime et défend les revendications collectives. • Un délégué du personnel peut être désigné délégué syndical dans les entreprises de moins de 50 salariés. • Bénéficie d'une protection administrative contre le licenciement.
Comité d'entreprise 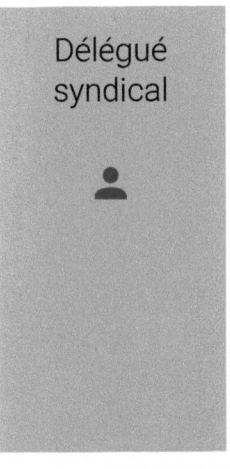	• Membres élus par les salariés de l'entreprise. • Dispose d'un local mis à disposition par l'entreprise. • Obligatoirement, l'employeur lui verse une subvention de fonctionnement au moins égale à 0,2% de la masse salariale brute. • Reçoit des informations et est consulté sur les décisions concernant la « marche générale » de l'entreprise (modification de la durée ou organisation du travail, nouvelles technologies, modification du règlement intérieur, etc.). • Gère les activités sociales et culturelles.

« Le bonheur c'est lorsque vos actes sont en accord avec vos paroles. »

Gandhi, homme politique, philosophe.

65

Organisation et animation de réunions

Organisation de réunions

Si vous êtes à l'initiative d'une réunion, prévoyez :
• De réserver une salle de réunion ou un endroit prévu à cet effet.
• De vous assurer que tout le matériel nécessaire sera à disposition (projecteur, tableau, crayons, connexion internet, etc.).
• D'inviter les bonnes personnes.
• De disposer du matériel de communication nécessaire si vous êtes sur plusieurs sites (téléphone, ligne internationale accessible, webcam, visioconférence, etc.).
• D'envoyer les invitations nécessaires (calendrier partagé).
• Que tout le monde sera disponible à ce moment-là.

Quelques points nécessitent une vigilance particulière. Ils sont pourtant une source fréquente d'échec d'une réunion.

Invitez les bonnes personnes

→ Choisissez les bons interlocuteurs suivant votre type de réunion : technique, managériale, point de suivi, business, etc.

→ Evitez de mettre plusieurs personnes d'une même équipe, entité.

→ Evitez le millefeuille par équipe : le développeur, son lead-technique, son chef de projet, son manager.

→ Evitez les réunions avec trop d'interlocuteurs (au-delà de 5 personnes, posez-vous des questions).

→ Assurez-vous d'avoir les personnes qui pourront répondre à vos questions : savent-elles ? Peuvent-elles décider ? Sont-elles légitimes sur le sujet ?

→ Evitez d'inviter des personnes qui sont régulièrement en conflit (déminez le terrain à l'avance sinon). Vont-elles se parler ? Vont-elles bloquer la réunion ?

Envoyez les invitations nécessaires

→ Evitez les réunions organisées à la dernière minute (sauf véritable urgence, mais cela reste exceptionnel). Prévoyez au moins une semaine de délai pour une réunion qui peut se planifier à l'avance.

→ Envoyez une invitation dans le calendrier de chacun (outlook, gmail, etc.).

→ Indiquez clairement le sujet de la réunion dans l'objet de l'invitation.

→ Indiquez, dans le corps de la réunion, les objectifs à atteindre. N'hésitez pas à utiliser des formules simples et directes (exemples : trouver une solution au problème xyz ; qui porte le budget du projet ? ; pourquoi le module xyz n'est-il pas disponible ? ; etc.)

→ Faites apparaitre les noms des participants dans votre invitation.

→ N'hésitez pas à contacter les participants avant la réunion pour vous assurer qu'ils seront présents, et qu'ils sont les interlocuteurs les plus appropriés.

Durée d'une réunion

→ La durée de la réunion est un des points les plus important : une réunion trop courte ne permettra pas de traiter tous les points. Une réunion trop longue entrainera lassitude et fatigue. Certains intervenants risquent même de ne pas venir si la réunion est trop longue.

→ Prévoyez des points courts (30 minutes, 01h maximum). Les réunions de 02h ou plus doivent être exceptionnelles et sont de plus en plus rares.

→ Prévoyez des pauses si votre réunion dure plus de 02h.

→ N'invitez pas des personnes à des réunions de 02h si elles n'interviennent que 05 minutes (ou faites les intervenir au début et laissez les partir).

Animation de réunions

Si c'est vous qui allez animer la réunion, et même si chacun possède son propre style, certaines étapes permettent de rythmer celle-ci et d'éviter des oublis (voir schéma ETAPES INDISPENSABLES D'ANIMATION DE RÉUNIONS ➔).

Etapes indispensables d'animation de réunions

**⏰ : 5 min
avant le début**

Préparez votre réunion pour qu'elle soit prête **5 minutes avant l'heure** officielle de démarrage.

Vous aurez le temps de gérer quelques **imprévus** qui pourraient arriver.

Ouvrez la salle, préparez le pont téléphonique, branchez le projecteur, etc.

Préparez aussi vos notes pour commencer à noter les présents au fur et à mesure de leurs arrivés.

**⏰ : 5 min max.
après le début**

Si vos invités sont en retard, n'**attendez pas plus de 5 minutes** avant de démarrer votre réunion.

Vous allez sinon mettre en péril votre temps de réunion, mais aussi agacer ceux qui sont déjà arrivés et attendent.

Si aucun invité n'est arrivé au bout de 10 minutes, alors vous pouvez **annuler** — avec bonne conscience — votre réunion et la planifier de nouveau. N'hésitez pas à demander pourquoi ils ne sont pas venus.

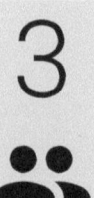

3

⏰ : 5 min max.

Au démarrage de la réunion, faites un **tour de table** pour bien identifier qui est présent (surtout pour les conférences téléphoniques).

N'hésitez pas à faire **se présenter** chaque participant si tout le monde ne se connait pas déjà.

4

⏰ : 2 min max.

Lancez votre réunion, en **rappelant le sujet général** (l'objet de votre invitation), puis en **présentant tous les objectifs** que vous souhaitez atteindre et répondre.

Evitez de vous laisser couper la parole à ce moment-là afin de donner le plan général de la réunion.

Adaptez éventuellement votre plan de réunion si quelques participants émettent des questions / sujets pertinents en complément.

5

⏰ : temps restant moins 10 min.

Donnez la **parole** à vos invités, en suivant le plan de réunion énoncé.

Prenez les **notes** de la réunion.

Veillez à vérifier **les temps de parole de chacun**, et rappeler la courtoisie dans la réunion si les propos s'enflamment.

Prévoyez de **terminer la réunion quelques minutes avant** l'heure annoncée (prévoyez 10 minutes pour une heure de réunion).

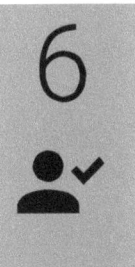

6

Stoppez la réunion quelques minutes avant l'heure de fin pour **relire les notes** de la réunion.

Indiquez les actions notées et demandez explicitement aux participants s'**ils sont d'accord avec ces points**.

Planifiez une nouvelle réunion avec ces participants si nécessaire.

⏰ : qq minutes avant la fin.

7

Envoyez votre compte-rendu de réunion à au moins tous les participants.

Vous pouvez ajouter en copie des personnes souhaitant avoir ce compte-rendu.

⏰ : 24h max après réunion.

 A noter

Testez à l'avance quand un matériel est nouveau.

Privilégiez les réunions de courte durée, cela oblige chacun à être concis et synthétique.

Évitez de faire trop de réunions dans une semaine : ne pas dépasser 20% du temps de travail d'une semaine (soit 1 journée entière).

Essayez de regrouper vos réunions sur une même journée afin de garder des journées libres.

Ne laisser pas certains participants monopoliser les discussions pendant une réunion. Certains aiment se faire écouter pendant un long moment. Demander à être synthétique et plus court.

Dans certaines réunions, l'ambiance peut devenir houleuse. Rappeler les règles de savoir vivre et de politesse si nécessaire.

Enfin, pendant votre animation, évitez d'avoir un parti pris et restez le plus factuel possible. Soyez assertif, et essayez d'identifier les traits de caractères pour mieux maîtriser vos interlocuteurs (voir chapitre LES POINTS CLÉS DE L'ENTREPRISE / CARACTÉRISTIQUES DES 4 TYPES DE COMPORTEMENTS ⮥).

Prise de notes et compte rendu

Pour une prise de note efficace et rapide pendant une réunion, voici quelques points à respecter, qui vous permettront facilement de générer le compte rendu de réunion :

• Utilisez un **support numérique** pour prendre vos notes. Soit un modèle de document imposé par l'entreprise, soit un outil permettant de le faire (exemple : *OneNote* de *Microsoft*).

• Prenez directement **vos notes pendant la réunion**. Soyez synthétique, mais en faisant un minimum de phrases pour que l'ensemble reste compréhensible même par quelqu'un n'ayant pas participé à la réunion.

• En début de compte rendu, **notez les noms complets des participants**, en précisant si nécessaire leurs fonctions et entités. Si vous utilisez des sigles sur les noms et prénoms, indiquez les clairement dès le début (exemple : « John Doe [JDO] »)

• **Notez les actions** qui doivent être portées par chacun (exemple : « action JDO: réaliser le chiffrage du projet »)

• Inscrivez clairement lorsqu'une **décision a été prise** en séance (exemple : « décision : la solution 1 n'a pas été retenue »)

• Au moins à la fin de la réunion (mais vous pouvez le faire tout au long), **partagez votre compte rendu** avec les participants et faites en une relecture.

• N'hésitez pas à inclure des **images** et schémas dans votre compte rendu.

• Ne passer pas du temps à retoucher votre compte rendu après la réunion (tolérance : jusqu'à 10 minutes maximum), tant sur la forme que sur le fond. C'est une perte de temps souvent importante.

• Envoyez votre compte rendu **dans la foulée** de la réunion.

✏ A noter

Ne faites jamais votre compte rendu après la réunion. C'est une perte de temps énorme.

Ne tardez pas pour envoyer votre compte rendu : des participants l'attendent, surtout s'ils ont des actions à effectuer.

Ne faites pas un compte rendu long : personne ne lit ce qui est long.

N'inventez pas des choses, ne tirez pas des conclusions personnelles dans un compte rendu.

Faites toujours un compte rendu, cela pourra vous servir même beaucoup plus tard.

Pour obtenir un consensus sur un sujet important, faites du lobbying avant la réunion pour avoir les avis de chacun.

Bien souvent, la prise de notes n'est pas uniquement utile pendant une réunion, mais aussi pendant que l'on vous explique une façon de faire, un outil, une méthodologie, un processus.

Prenez l'habitude de prendre des notes, car ce qui parait simple et évident sur le moment, surtout lorsqu'on vous l'explique et vous le montre, peut vite devenir un vrai casse-tête lorsque vous serez seul(e).

Centralisez vos notes à l'aide d'outils appropriés, et organisez bien vos notes dés le début, sinon vous allez vite avoir du mal à les retrouver (voir schéma Exemple d'organisation des notes ⇲).

Exemple d'organisation des notes

Projets
- Projets xyz
- Projets xyz_2
- Projets xyz_3

Outils
- Outil 1
- Outil 2

Méthodes
- Processus projet
- Analyse financière
- Qualité

Organisation
- Orga. entreprise
- Orga. service

Microsoft OneNote

https://www.onenote.com/

Evernote

https://evernote.com

Freeplane

http://sourceforge.net/projects/freeplane/

Présenter ses compétences

Curriculum vitæ

Le Curriculum vitæ (CV) reste une référence dans les documents demandés lors de la recherche d'un emploi.

Pourtant, sa forme, qui reste libre, est souvent mal maitrisée. Trop d'informations, une présentation maladroite, lourde, sont des grands classiques dans les erreurs à ne pas commettre.

Ne confondez pas le **fond** et la **forme**. Travaillez d'abord sur le fond, le texte brut, sans mise en forme. Vous mettrez en forme à la fin.

Que vous soyez débutant ou expérimenté, votre CV doit être précis, bref, percutant et surtout le plus honnête possible pour que vous soyez à l'aise lors de sa présentation orale :

• Ecrivez concrètement l'intitulé de vos postes (étudiant, développeur, chef de projet, graphiste...) de façon simple. N'hésitez pas à trouver des équivalents compréhensibles par le plus grand nombre.

• Indiquez la durée effectuée sur ce poste, ainsi que votre niveau estimé. Pour un étudiant, évitez le terme « expérimenté » sur vos expériences, mais indiquez que vous appréciez une technologie ou un poste en particulier (exemple : fort intérêt pour cette technologie).

• Décrivez brièvement le poste ou projet (une ligne), sans acronyme, sans nom de code de projets que seule l'entreprise connait ou votre équipe. Les phrases doivent être simples, et courtes.

• Présentez ensuite ce que vous avez fait, concrètement, et non pas ce que votre équipe a réalisé. C'est vos seules compétences et actions qui intéressent le recruteur.

☒ Ne pas écrire	☑ Ecrire
Ingénieur technique de conception du logiciel	Développeur
Cas d'un étudiant : Stage 06 mois - Développement Python (expérimenté)	Stage 06 mois - Développement langage Python (fort intérêt pour cette technologie)
Projet Pheonix de l'équipe SSC qui consiste en la refonte du BO, basé sur le projet Antarès.	Projet d'une nouvelle version d'un outil déjà existant de supervision, utilisé par les équipes de support client.
Nous avons refait le développement de l'application, avec l'aide de deux équipes transverses (dont une basée en chine), qu'il fallait coordonner (décalage horaire, langue !! c'était compliqué !!). Il y avait 8 personnes en France, 4 en Espagne, et 10 en Chine (mais c'était variable). Dans chaque pays, ils avaient un interlocuteur avec qui on était en contact permanent. Pendant qu'ils faisaient la partie de la BD, etc.	En tant que chef de projet, j'ai coordonné l'équipe de développement française ainsi que les sous-traitants basés en Espagne et en Chine (vingtaine de personnes). J'ai effectué plusieurs déplacements vers ces pays pour faciliter l'organisation de travail avec eux en tenant compte des contraintes géographiques (décalage horaire, langue, différences culturelles...).

Quant à la forme, tout ou presque a déjà été imaginé. L'originalité n'est plus un argument, cherchez plutôt l'efficacité et la sobriété. N'oubliez pas qu'un recruteur peut recevoir des centaines de CV, et une mise en page originale peut avoir plutôt un effet négatif, qui lui fera mettre votre document à la poubelle rapidement :

• Adoptez une présentation classique, texte noir sur fond blanc. Evitez de mettre trop de couleurs, d'utiliser le gras trop souvent.

• Mettez bien en avant les périodes, vos postes.

• Utilisez des polices de caractères lisibles, de taille suffisante.

• Gardez une cohérence dans l'ensemble du document.

Voici, page suivante, un exemple de CV, volontairement minimaliste. Evitez toutefois de dépasser les deux pages.

 A noter

Le ton de votre CV doit toujours rester professionnel, au même titre que votre entretien oral.

Ne donnez pas d'avis dans votre CV, ce n'est pas un lieu d'échange.

Conformez-vous aux lois en vigueur dans le pays auquel votre CV est destiné, certaines informations étant interdites ou pas obligatoires (âge, photo, etc.)

Si vous devez rédiger votre CV en anglais, faites attention aux termes qui ne veulent pas forcément dire la même chose (faux-amis ; exemple : actually signifie « en fait », « en réalité », alors que « actuellement » se dit en anglais *currently*)

18 avenue Victor Hugo
75116 Paris

Mr JOHN DOE

06 10 10 00 00
johndoe@fmail.com

POSTES OCCUPÉS ET MISSIONS

EXPERT RÉSEAU MICROSOFT JUILLET 2015
• En charge de l'architecture du réseau msn.com France existant.
• J'ai établi le plan de réduction et d'optimisation du réseau en tenant compte des nouvelles contraintes financières.
• J'ai coordonné une dizaine de personnes de l'équipe réseau pour sa réalisation.

ADMINISTRATEUR RÉSEAU GOOGLE JUIN 2012
• J'ai travaillé sur l'évolution et la maintenance du réseau des emails internes de l'entreprise, sur le périmètre Europe.
• Installation et configuration de Postfix sur des serveurs Linux Debian et modifications Apache.
• Mise en place des routeurs et répartiteurs de charges. J'ai réalisé les configurations DNS primaires et secondaires.

DIPLÔMES

MASTER RÉSEAUX ET TÉLÉCOMS UNIVERSITÉ PARIS SUD 2007 - 2012
• Master Réseaux et Télécoms, mention Bien. Mai 2012.
• Licence Informatique, mention Bien. Mai 2011.
• Bac S, mention Très Bien. Juillet 2007.

Langages et technologies
• Expérimenté : Python, Perl, Awk, Postfix, DNS
• Compétent : C++, Java, HTML, UML, Apache
• Débutant : CSS, Javascript

Ne retenez que les projets qui ont une importance, et faites le tri si vous travaillez sur plusieurs sujets simultanément.

Les recruteurs ne lisent pas en détail les CV. Ils scannent rapidement l'ensemble, environ 30 secondes maximum !

N'hésitez pas à mentionner des expériences personnelles, comme la création d'une start-up. Même si vous n'avez pas été jusqu'au bout de votre projet, ou dans le succès, vous pouvez faire part de vos initiatives et autres compétences développées.

Mettez à jour votre CV régulièrement, au moins une fois par an.

Plus vous aurez d'expérience, plus vous devrez raccourcir vos premières expériences. Mettez la priorité sur vos derniers postes.

Identité numérique

Si vous souhaitez postuler dans une entreprise, on vous demandera fort probablement un CV et une lettre de motivation. Cependant une nouvelle forme d'identité est apparue ces dernières années : l'identité numérique. Les recruteurs n'hésitent pas à fouiller sur internet pour trouver des traces de votre identité numérique.

Votre double numérique peut prendre plusieurs aspects :

• **Une identité maîtrisée** : vous savez ce que vous publiez, vous en avez conscience, et faites attention à l'image que vous renvoyez. Vos communications via les outils sociaux sont plutôt professionnels, techniques, ou sur des sujets qui vous intéressent. Vos amis ne publient pas d'informations qui viennent perturber votre écosystème. Vous pouvez même publier des articles techniques, sous forme de blogs.

• Une **identité non maîtrisée** : vous n'avez pas fait attention dès le début de l'utilisation des réseaux sociaux ou du référencement dans Google d'un certain nombre d'informations préjudiciables professionnellement et vous concernant directement. Photos, commentaires d'amis peuvent se retourner contre vous en envoyant une mauvaise image de votre personnalité.

• Une **identité inexistante** : vous n'utilisez pas les réseaux sociaux, ou bien sous des pseudonymes. On ne vous trouvera donc pas.

Vérifiez donc régulièrement ce qui apparait dans les moteurs de recherche sous votre nom. N'hésitez pas à régler les paramètres de confidentialité de Facebook ou Twitter. Retirez les commentaires agressifs ou désagréables, les photos de soirées arrosées et dans tes tenus équivoques.

Il est difficile aussi de contrôler l'ensemble des informations provenant de vos amis. Demandez-leur de retirer des documents que vous jugez pénalisant pour une embauche. Et enfin, si vous n'arrivez pas à faire supprimer trop d'informations négatives, alors soyez actif pour avoir une identité maîtrisée en mettant beaucoup de contenu positif pour noyer le contenu négatif (ceci peut prendre un temps plus ou moins longs !).

A noter

Vérifiez régulièrement ce qui apparait dans les moteurs de recherche sous votre nom.

Utilisez les réseaux Viadeo, LinkedIn pour maîtriser votre identité numérique.

N'hésitez pas à modifier les paramètres de confidentialité de Facebook ou Google Plus pour laisser apparaitre le moins d'informations possibles.

Méfiez-vous d'un homonyme qui viendrait ruiner votre réputation. Evitez le doute sur l'identité des personnes.

Dans les cas extrêmes, vous pouvez utiliser un recours en justice pour faire supprimer certaines informations sur le net (droit à l'oubli). La procédure est cependant longue, cher et complexe, sauf dans des cas diffamatoires ou racistes évidents.

Si vous pensez avoir une bonne identité numérique, n'hésitez pas d'y faire référence dans votre CV ou oralement.

« Exige beaucoup de toi-même et attends peu des autres. Ainsi beaucoup d'ennuis te seront épargnés. »

Confucius

Environnements de travail

Les différents environnements

On décrira dans ce chapitre les environnements de travail au sens matériel et logiciel. Si chaque entreprise peut mettre en place une structure propre à elle, on retrouve généralement les mêmes grandes lignes ainsi que le même vocabulaire dans la plupart.

On pourra distinguer 4 types d'environnements, suivant un cycle (voir schéma CYCLE DE VIE D'UN LOGICIEL ⊡) :

• Le **développement** pour la réalisation de programmes, d'applications.

• La **qualification** pour la phase de tests.

• La **pré-production**, qui est une réplique de la production pour répéter le déploiement du logiciel.

• La **production**, où les utilisateurs vont pouvoir utiliser le logiciel.

Cycle de vie d'un logiciel		
📐	Prospection et étude	THINK
⌨	Développement	BUILD
✓	Test	BUILD
💻	Déploiement en production	BUILD
⌨	Maintenance évolutive et corrective	RUN

L'environnement de développement

On y développe les logiciels, applications. Seul ou à plusieurs.

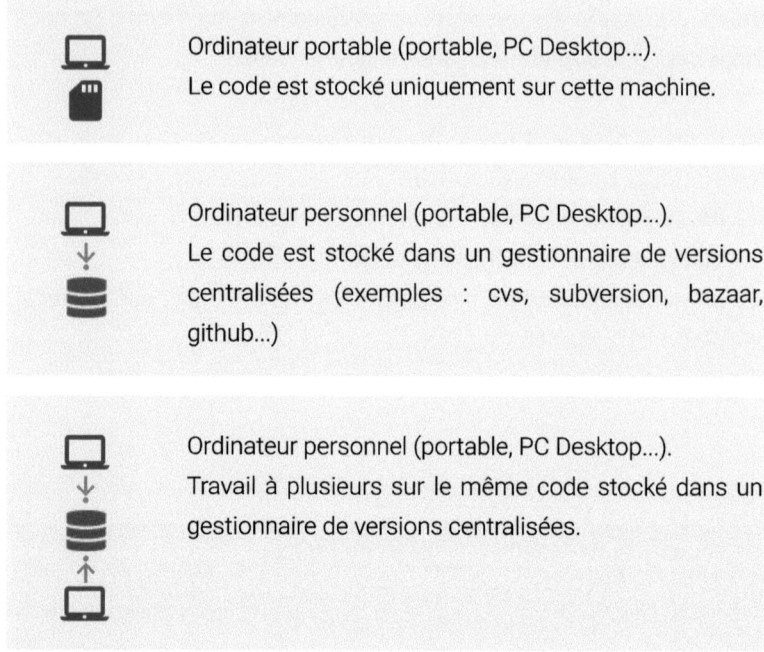

Ordinateur portable (portable, PC Desktop...).
Le code est stocké uniquement sur cette machine.

Ordinateur personnel (portable, PC Desktop...).
Le code est stocké dans un gestionnaire de versions centralisées (exemples : cvs, subversion, bazaar, github...)

Ordinateur personnel (portable, PC Desktop...).
Travail à plusieurs sur le même code stocké dans un gestionnaire de versions centralisées.

Il vaut mieux travailler avec un gestionnaire de versions, lui-même stocké sur une autre machine (et idéalement répliqué) pour éviter les risques de pannes et donc de perte de code (en particulier si vous travaillez sur un ordinateur portable qui pourrait tomber ou être perdu).

Dans les environnements d'entreprise, le gestionnaire de versions permet également de récupérer le code par d'autres équipes (exploitation), qui va faire une phase d'intégration (assemblage de l'ensemble du logiciel réalisé) et permettre le déploiement dans des environnements autres (qualification, production...).

L'environnement de qualification

On y réalise les tests sur l'application (appelée également phase de recette).

Généralement le code est testé pendant 3 phases (RC1, RC2, RC3 — RC = *Release Candidate*) par une équipe de test. A la fin de chaque RC (qui dure par exemple 1 semaine), les défauts signalés sont corrigés afin de réaliser une deuxième livraison de l'application sur les plateformes de qualification. De nouveau une phase de test est réalisée pour découvrir d'autres anomalies, qui seront corrigées et livrées dans la RC3.

C'est à la fin de la RC3 qu'est prononcé le Go/NoGo (acceptation pour aller en production).

Phases de livraison en qualification

Intégration du code

↓

Livraison RC1 et tests

↓

Corrections et nouvelle intégration

↓

Livraison RC2 et tests

↓

Corrections et nouvelle intégration

↓

Livraison RC3 et tests

↓

Go/NoGo sur production

A chaque RC, le nombre de défauts doit être en baisse. Si beaucoup de défauts sont encore à corriger pour la RC3, alors le risque de NoGo augmente significativement.

La plupart du temps il reste des défauts en RC3. Le Go/NoGo est prononcé en fonction de la criticité des défauts restants.

Il faut toujours éviter de livrer du code en retard en RC3. En effet, les effets de bord peuvent être nombreux, mettre en péril toute l'application, et remettre en question toute la phase de qualification.

Bien souvent, il est difficile d'avoir un environnement de qualification qui ressemble à la production (coûts, complexité d'installation, retard de niveau entre les plateformes, etc.). C'est pour cela que des défauts liés au code et à la plateforme peuvent apparaitre en pré-production, ou pire directement en production.

L'environnement de pré-production

On y fait des tests de déploiement et des tests fonctionnels sur l'application pour être au plus proche des conditions de la production.

Idéalement, c'est une copie exacte de la production. Cependant pour divers raison, il est difficile d'avoir ce type d'environnement :
• Les **coûts** peuvent exploser : avoir le même nombre de machines, routeurs, équipements réseaux est souvent impossible. Alors le choix

est fait d'avoir un sous-ensemble de la production.

• La **complexité** technique d'installation : un sous-ensemble de la production nécessite une étude pour cibler les équipements vitaux et mettre le bon environnement. Attention aussi aux conflits possibles (DNS, réseaux, déploiement, etc.)

• Le **travail** nécessaire pour être à jour : chaque fois qu'une opération est faite en production, elle doit être répercutée sur la pré-production (exemple : changement de puissance de serveurs).

• La **politique** de l'entreprise : avoir une plateforme identique à la production n'est pas toujours une priorité dans une entreprise, du fait que son utilité n'est pas toujours bien perçue.

Les équipes de déploiement vont pouvoir tester leurs scripts et procédure pour récupérer le code commun, l'intégrer, et le déployer sur les plateformes comme s'ils le faisaient en production. Cela permet de détecter également des problèmes dans les mises à jour du système d'exploitation ou bien dans les configurations bas niveau des plateformes.

Les équipes de test vont reprendre les tests de la phase de qualification (ou un sous-ensemble de ces tests) pour tester l'application au niveau fonctionnel. C'est l'occasion de trouver d'autres défauts qui peuvent être liés à la plateforme (exemple : l'application n'arrive pas à accéder à la base de données qui est répliquée, alors que cela fonctionnait bien en qualification avec une seule base).

Voici un exemple de création d'une pré-production qui est un sous-ensemble de la production afin de coller au plus proche des contraintes techniques de l'applicatif qui va être exécuté :

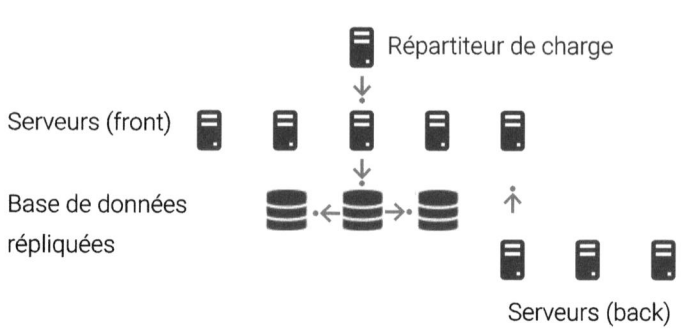

Répartiteur de charge

Serveurs (front)

Base de données répliquées

Serveurs (back)

PRÉ-PRODUCTION

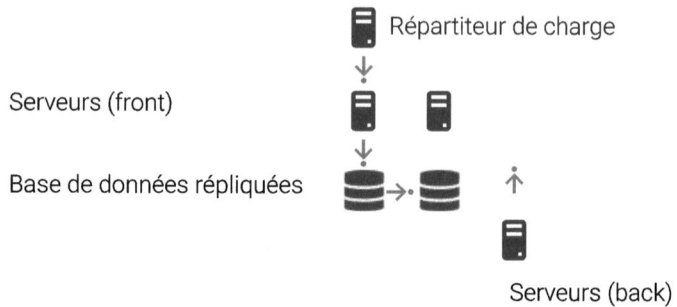

Répartiteur de charge

Serveurs (front)

Base de données répliquées

Serveurs (back)

✎ A noter

La pré-production doit être à l'identique de la production tant au niveau matériel (bios, firmware, câbles...) que logiciel (OS, serveur logiciel, configuration réseau, etc.)

L'environnement de production

On y fait tourner l'application pour les utilisateurs / clients.

Généralement, les accès à ces plateformes sont limités. Tout d'abord pour des raisons de sécurité et confidentialité des données clientes. Ensuite pour éviter les erreurs de manipulation involontaires. C'est souvent les personnes qui effectuent les opérations de déploiement sur la pré-production qui font sur la production (cependant certaines entreprises séparent ces équipes, pour la sécurité, mais également pour obliger à documenter parfaitement les opérations en pré-production).

L'opération de déploiement consiste à refaire les mêmes étapes que sur la pré-production. C'est pour cela qu'il est important de documenter parfaitement ces étapes au préalable. Bien souvent, ces opérations s'effectuent la nuit, ou dans des périodes ou le nombre d'utilisateurs est réduit pour limiter les impacts et risques.

La phase de déploiement en production reste délicate et est différente suivant l'application déployée. Parfois il est nécessaire de faire une interruption de service. Le code déployé écrase l'ancien, des scripts mettent à jour les environnements.

De plus en plus, on évite ce type d'interruption pour plusieurs raisons :
• L'opération de service est contraignante pour les utilisateurs qui n'ont plus accès au service.
• Certaines applications ne peuvent pas être arrêtées (secteur aérien, médical...).
• En cas de problème lors du déploiement, on ne sait pas quand le service peut reprendre. Une interruption prévue une heure peut se terminer en arrêt de service pendant plusieurs jours.

De nombreuses techniques existent pour éviter les interruptions, citons quelques exemples :

• Basculer quelques serveurs pour les isoler, déployer le code, puis basculer de nouveau pour les mettre en production. On termine ainsi sur les autres serveurs qui rejoignent la production au fur et à mesure.

• Etre multi-site et isoler un site entier, le mettre à jour, basculer sur le site à jour, puis terminer sur l'autre site qui est isolé à son tour.

• Dans le cas de site web, copier la nouvelle version dans une nouvelle arborescence, puis basculer d'un coup à l'aide de réécriture d'url au niveau de la configuration du serveur web.

S'il existe des méthodes connues, il faut bien souvent personnaliser ces techniques en fonction de l'environnement et de l'application.

Lors de la livraison d'une nouvelle version sur les plateformes de production, il est important de procéder à une nouvelle phase de test. Même en ayant une plateforme de pré-production, il n'est pas rare de tomber sur des problèmes pointus et critiques. Un *firewall* présent pour la sécurité uniquement en production peut rapidement causer quelques surprises inattendues.

Notez enfin que de plus en plus d'entreprises utilisent des services clés en main pour l'hébergement, en passant par OVH, Online, Amazon, Microsoft, Google, etc. On peut y trouver des architectures assez complexes et dynamiques (cloud). Les coûts sont connus à l'avance (calculables) et il est relativement simple de supprimer une architecture par une autre, d'ajouter des environnements de tests ou de production pour faire des bascules en production.

Glossaire

Abaque : référentiel de chiffrages utilisé souvent en gestion de projet. Il s'agit de valeurs basées sur l'expérience et servant de repère au chiffrage d'un projet (ex. 1: on passe dans notre entreprise généralement 20% du temps global du projet sur les tests ; ex. 2 : le développement du module d'accès à la base de données coûte en général 2 jours/homme)

Chaine de soutien (ou support aux utilisateurs) : ensemble des intervenants permettant aux utilisateurs d'utiliser pleinement un système. Le niveau 0 d'assistance enregistre et analyse la demande, défini le niveau d'urgence et essaye d'y répondre. Le niveau 1 analyse l'incident. Le niveau 2 est un niveau avancé d'étude, le niveau 3 est un niveau d'expertise.

CPF : Compte Personnel de Formation.

ESN : Entreprise de Service du Numérique (anciennement SSII). Appelé couramment société de service.

Forfait : solution clé en main, réalisée la plupart du temps dans les locaux de l'ESN.

Intercontrats : période de latence d'un salarié de l'ESN entre deux prestations techniques chez/pour un client.

KPI : Key Performance Indicators - indicateurs clefs de performance.

Massification : action de regrouper des prestations afin de réduire les coûts (effet de volume).

NAO : Négociation Annuelle Obligatoire.

PPFS : Pilote de Plateforme de Service. En charge du matériel et des basses couches logiciels d'un service. Travail souvent avec une équipe de Sysadmin.

PRA : Plan de Reprise d'Activité. C'est un ensemble de documents et procédures permettant de redémarrer une activité / service / site suite à un péril (inondation, incendie, tremblement de terre, etc.).

Régie (ou « Assistance Technique (AT) ») : le salarié est envoyé dans les locaux du client pour effectuer une prestation.

SLA : Service Level Agreement. Contrat entre client et fournisseur définissant la qualité de service attendue (ex : taux de disponibilité, nombre de pannes maximum par mois…)

Sysadmin : Administrateur Système. En charge du fonctionnement des basses couches d'un serveur (système d'exploitation, configuration serveur, routeurs, etc.)

TJM : Taux Journalier Moyen. Tarif d'une prestation en ESN.

TMA : Tierce Maintenance Applicative. Maintenance et évolution applicative.

Turn-over : renouvellement du personnel. Indicateur sur le rythme de renouvellement des effectifs d'une entreprise.

Dépôt légal : **Septembre 2015**